# Mensageiros de luz
ROMANCE MEDIÚNICO

Solicite nosso catálogo completo, com mais de 350 títulos, onde você encontra as melhores opções do bom livro espírita: literatura infantojuvenil, contos, obras biográficas e de autoajuda, mensagens espirituais, romances, estudos doutrinários, obras básicas de Allan Kardec, e mais os esclarecedores cursos e estudos para aplicação no centro espírita – iniciação, mediunidade, reuniões mediúnicas, oratória, desobsessão, fluidos e passes.

E caso não encontre os nossos livros na livraria de sua preferência, solicite o endereço de nosso distribuidor mais próximo de você.

*Edição e distribuição*

**EDITORA EME**
Caixa Postal 1820 – CEP 13360-000 – Capivari-SP
Telefones: (19) 3491-7000 | 3491-5449
Vivo (19) 9 9983-2575 ☎ | Claro (19) 9 9317-2800 | Tim (19) 9 8335-4094
vendas@editoraeme.com.br – www.editoraeme.com.br

ZÉLIA CARNEIRO BARUFFI,
PELO ESPÍRITO CELMO ROBEL

# Mensageiros
ROMANCE MEDIÚNICO de luz

Capivari-SP
– 2019 –

© 2019 Zélia Carneiro Baruffi

Os direitos autorais desta obra foram cedidos pela autora para a Editora EME, o que propicia a venda dos livros com preços mais acessíveis e a manutenção de campanhas com preços especiais a Clubes do Livro de todo o Brasil.

A Editora EME mantém o Centro Espírita "Mensagem de Esperança" e patrocina, junto com outras empresas, instituições de atendimento social de Capivari-SP.

1ª edição – agosto/2019 – 3.000 exemplares

CAPA | André Stenico
PROJETO GRÁFICO E DIAGRAMAÇÃO | Marco Melo
REVISÃO | Letícia Rodrigues de Camargo

Ficha catalográfica

Celmo Robel (espírito)
    Mensageiros de luz / pelo espírito Celmo Robel; [psicografado por] Zélia Carneiro Baruffi – 1ª ed. ago. 2019 Capivari, SP: Editora EME.
    144 p.

    ISBN 978-85-9544-115-6

1. Obra mediúnica.
2. Vida no mundo espiritual.
3. Assistência aos espíritos desencarnados.
4. Colônias espirituais.
I. TÍTULO.

CDD 133.9

# Dedicatória

Dedico esta obra aos meus pais, onde quer que se encontrem na espiritualidade, pois sempre me incentivaram na busca dos conhecimentos que a doutrina espírita nos proporciona nesta caminhada terrena.

Agradeço à espiritualidade, a oportunidade de mais este trabalho.

**A autora**

# Sumário

Prefácio .................................................................. 9

Capítulo 1
Despedidas ........................................................... 13

Capítulo 2
Lembranças amargas ........................................ 25

Capítulo 3
As terras promissoras ...................................... 33

Capítulo 4
Os mensageiros .................................................. 39

Capítulo 5
Novos rumos em sua caminhada terrena ...... 47

Capítulo 6
### Um ato de solidariedade ........................ 57

Capítulo 7
### Finalmente o auxílio ............................. 65

Capítulo 8
### O perispírito ...................................... 71

Capítulo 9
### Atendimento fraterno ........................... 79

Capítulo 10
### O trabalho mediúnico .......................... 87

Capítulo 11
### Finalmente o sonho concretizado ............ 95

Capítulo 12
### O descobrir de um novo dia .................. 103

Capítulo 13
### O despertar ....................................... 111

Capítulo 14
### Um encontro feliz! .............................. 119

Capítulo 15
### Lições no plano espiritual ..................... 127

Capítulo 16
### Terá fim o mundo? .............................. 137

# Prefácio

VEM A LUME mais um livro da escritora e médium Zélia Carneiro Baruffi.

No seu ponto fundamental, relata a obra sobre a construção de uma Casa de Apoio na espiritualidade, destinada principalmente ao esclarecimento de espíritos desencarnados que não estão cientes de sua atual condição.

Exercem esses espíritos, na comunidade que vivem, várias atividades como o plantio, por exemplo. São acompanhados por espíritos interessados em esclarecê-los sobre essa atual vida, os quais ministram a eles, cuidadosamente, ensinamentos necessários para entenderem sua real condição, através de palestras e conversas, além da ajuda também de espíritos encarnados que, provisoriamente desligados do corpo somático, acorrem a esse local para prestarem auxílio em trabalhos de evangelização.

O livro é extremamente esclarecedor, mostrando que, pelo fenômeno morte, a vida não termina, mas continua em outro estágio, e que cada um pode dar continuidade naquilo que fazia na Terra, plasmando seu instrumento de trabalho e, muitas vezes acreditando que ainda está na vida material.

Vale a pena mergulhar na leitura da obra para melhor entender a vida de alguns grupos de espíritos do lado de lá. Este foi o principal objetivo do livro, que, por outro, cumprirá seu desiderato de descortinar a vida depois da morte física.

Boa leitura.

Curitiba, julho de 2018.
**Celso Carlos Marins Carneiro.**

# 1

# Despedidas

*A solidão é boa somente para refletir, porque,
sem dúvida, fomos criados para viver uns com
os outros.*

**Chico Xavier**

Capítulo 1

# Despedidas

*"Muitos de nós nos reunimos durante o sono para um trabalho socorrista..."*

A REUNIÃO ENCERRARA com bastante sucesso. Os passageiros se preparavam para o regresso. As fisionomias mostravam a paz que vieram buscar através do conhecimento dos mestres daquela casa de orações. Quase todas as noites reuniam-se para trocar ideias buscando o alento de que careciam para continuarem a jornada a que se propuseram um dia, no passado, no plano terrestre.

Eram pessoas dedicadas ao próximo e que desempenhavam a mediunidade com bastante amor. No entanto, vinham à casa de orações, naquele plano maior, em busca de energia para seus corpos materiais.

No trato com entidades menos esclarecidas, necessitavam daquele apoio, pois muitos que buscavam o centro espírita para uma conversa esclarecedora, não tinham conhecimento da sua desencarnação. Eram soldados ainda em tempo de guerra, generais comandando batalhões rumo a cidades inimigas. Crendo-se ainda na matéria, atiravam, matavam velhos, crianças, saqueavam residências e, quando chegavam à casa espírita, cansados e maltrapilhos, acreditavam-se ainda com vida material, esquecidos de que tudo que viviam nesse momento era apenas ilusão. Criação mental de seus espíritos.

Então, de uma rebeldia sem limite, desgastavam as energias dos médiuns que se propunham a tal mister. Daí a iniciativa de abnegados irmãos da espiritualidade, com a criação de um curso de apoio onde os trabalhadores pudessem refazer as energias e observar o tratamento espiritual oferecido aos necessitados, levando assim em seus espíritos o conhecimento que muito os auxiliariam na jornada terrena, tanto na casa espírita como no cotidiano.

Serena despedia-se animada com aquele encontro de pessoas tão caras. Trazia no espírito os traços daqueles momentos sensíveis para seu coração por vezes tão solitário, buscando sempre os motivos dos acontecimentos no seu dia a dia. Evocava muitas vezes recordações que sabia não serem agradáveis, que nada acrescentavam, pois ficara lá no passado distante. Estavam arraigadas no seu ser as marcas dos sofrimentos pelos quais passara, certamente agora mais amenas. Seu propósito era o de melhorar-se, evidentemente. Chegaria um dia à tão sonhada perfeição.

Olhando ao redor, observava com certa euforia as despedidas dos companheiros daquela noite. Eram numerosos, cada qual vivendo seu drama interior. Entretanto, no momento da partida, todos regressavam confortados, imbuídos do propósito de sempre ao voltar àquele local, relatar alguma melhora no espírito conturbado. Observou uma vez mais aquele ambiente acolhedor e seus olhos verdes encheram-se de lágrimas ao deixar o local. Abraçou os companheiros mais chegados.

– Como sempre volto só – lamentou.

Selênio, um dos mentores do local, aproximou-se, percebendo seu lamento.

– Lembre-se das pegadas na areia... – abraçou-a efusivamente, tocando seus cabelos e comentando:

– Noite passada, estivemos reunidos com a finalidade de esclarecer vários irmãos que ainda vivem no plano terreno. É interessante revelar a vocês que, durante o sono físico profundo, há também o sono espiritual; muitos de nós nos reunimos em determinadas regiões para traçar planos de trabalho socorrista. Daí a razão porque muitos de vocês, ao levantarem-se da cama, se encontram como que cansados. Ora, como o trabalho espiritual muito se assemelha ao trabalho físico, em virtude dos trabalhadores não se encontrarem ainda bastante adestrados no seu cumprimento, ou melhor dizendo, para a sua realização, produz o cansaço. Não se preocupem quando isso acontecer. Nada será perdido, tudo será levado em carta crédito de cada trabalhador. Só uma coisa recomendo a vocês: quando notarem indisposição física e espiritual em consequência da ação praticada durante o sono, façam uma prece pedindo para que as vibrações do corpo se modifiquem e voltem a viver dentro do seu próprio equilíbrio.

Serena escutou o que Selênio lhe passava a respeito dos trabalhos, sentindo-se muito confortada. E, desculpando-se, argumentou:

– Eu sei... eu sei... desculpe a minha imperfeição. É que todos chegam aqui acompanhados. Sinto um pouco de inveja, confesso. Desculpe-me, ainda sou muito imperfeita – disse, limpando as lágrimas que agora caíam copiosamente. – Decididamente se pudesse ficar... mas os compromissos são tantos ainda!

Nesse momento Ítalo, um velho amigo seu

e que ela não percebera ainda sua presença naquele local das outras vezes em que ali estivera, aproximou-se estendendo-lhe a destra.

– Como vai? – inquiriu sorridente. O mesmo sorriso que ela tanto admirava – estava há tempo observando-a.

Como era possível? A voz estava embargada pela emoção.

– Não percebi a sua presença durante todo este tempo. Estava tão empolgada com as palestras...

– Estávamos – afirmou Ítalo.

Nesse momento seus pais aproximaram-se para as despedidas.

– Coragem, minha filha – alertou Maria, sua genitora – você vencerá, apesar de tudo, você é forte, não se deixa abater e o melhor de tudo é o esquecimento – abraçou-a demoradamente, seguida de seu pai.

João, seu companheiro de tantos anos, agora desencarnado, conversava animado num grupo de senhoras, ainda desejosas de mais saber acerca da vida na espiritualidade e de melhores esclarecimentos. Serena saiu de mansinho do local, entendendo que ele não viria para as despedidas. Ítalo percebeu que ela pretendia afastar-se sem mais delongas. Adiantou-se, apertou firme sua mão, como fazia quando na Terra, nas tantas vezes em que se encontraram, transmitindo a ela todo o afeto que sempre lhe dedicara.

– Até mais, minha querida. Telefone-me.

"Telefonar?!"

Uma sensação de felicidade invadiu seu coração! Ítalo ainda era o mesmo, seus olhos não perderam o brilho que denunciava todo seu amor por ela. Mas... foi há tanto! A vida os havia separado definitivamente, porém o sentimento permanecera, o afeto que os unia perdurara para sempre. O encontro com Ítalo fez com que ela mergulhasse rapidamente no regresso à matéria. A caminho, um sobressalto.

"Telefonar? Mas como? Não sei seu telefone... não tenho contato com ninguém de sua família... telefonar... telefonar como?"

Voltou ao corpo ainda trazendo na lembrança todo aquele saber que buscara e a imagem de

Ítalo na retina. Espreguiçou-se demoradamente, saboreando ainda as visões de tudo que vira e ouvira.

"É, realmente tenho feito algum progresso nestes encontros. Já posso estar na presença de meus pais, de João e agora... Ítalo. Meu Deus! Não me encontro realmente só."

Olhou para o aposento que começava a receber os primeiros raios do sol da manhã. Os quadros, na parede, surgiram na penumbra ainda, deixando-a perceber as fotos dos pais e de João, que carinhosamente ornamentavam o lugar. Ao seu lado, Bruno, adormecido ainda, trazia na fisionomia tranquila, as marcas de uma noite bem proveitosa. Serena, num repente, recordou.

"É verdade, Bruno está aqui. Ah! Meu Deus. As lembranças agora estão nítidas." Beijou a fronte do garoto ao seu lado e rapidamente saiu do leito.

Mais um dia, desta vez não igual ao de ontem. Desta vez trazia tudo na memória, aquele sonho maravilhoso! Não podia esquecer aquele encontro. Fora sonho ou realidade? Não importava.

Precisava contar a todos sobre aqueles encontros noturnos... que estivera com eles, os pais, Ítalo, João. As recordações nítidas tomavam formas.

– Sinto que vou me lembrar de tudo, de todo meu trajeto esta noite – exclamou.

Abriu devagarinho a porta do aposento, ganhando o corredor ainda na penumbra e dirigindo-se à cozinha, ali, procurou nas gavetas, papel e lápis e de posse daquele material, para ela no momento tão precioso, iniciou a escrita. Queria colocar no papel tudo o que vira e ouvira, enquanto as imagens e as recordações permaneciam vivas em sua mente. Queria escrever, contar da alegria que lhe ia na alma, entretanto seu coração se apertava. Era natural, o mundo, este em que vivemos, não é feito somente de coisas boas. Para tê-las, é necessário que saibamos buscá-las. Raro encontrarmos neste mundo terreno, pessoas completamente felizes e podemos dizer com acerto que a felicidade é feita de momentos, fragmentos de nossa alma, que vamos juntando aqui e acolá, formando assim o que chamamos de felicidade.

Em que podemos buscar nosso bem-estar? A tão sonhada felicidade que nos proporciona alegrias que vão por aí, contagiando o ser encarnado e porque não, o que está também fora da matéria? A felicidade que buscamos está na nossa essência, que é o espírito e sem ele nada poderíamos fazer ou buscar novos horizontes. Somente o corpo físico não nos proporcionaria coisa alguma.

# 2

# Lembranças amargas

*A caridade é amor, amor é compreensão...*
**Chico Xavier**

Capítulo 2

# LEMBRANÇAS AMARGAS

Serena, apesar do sofrimento pelo qual passara, entendia os motivos dele e de uma certa forma, depois de tantas caídas e levantadas, encontrara a medida certa para alcançar a felicidade. Uma vez integrada no processo desse descobrimento do ser, conseguiu caminhar sem perturbar-se, mas para chegar a este entendimento, a criatura passa por um processo muito doloroso.

Entender o que nos acontece e porque nos acontece é o caminho para a aceitação das coisas a nossa volta, das pessoas que conosco convivem. As adversidades do tempo, nos atacando a alma, faz com que nos tornemos revoltados, querendo desistir de tudo e estacionar na jornada. Mas à medida que nosso ser conhece a paciência, que procura nos mínimos detalhes a sua volta os motivos do sofrimento e compreende que ele é efêmero, percebe que o coração vai se aquietando.

Entendemos, então, que a partir do momento da aceitação de tudo que nos acontece, só depende de nós para chegarmos à tão sonhada perfeição. Olhamos, a partir daí, a vida com outros olhos e, entendemos que a felicidade é apenas um estado de espírito.

Tomara nota de tudo que se passara no plano espiritual. Chegara a forçar a mente para vivenciar as cenas passadas, tal a lembrança que persistia a sua volta.

– Hoje terei um dia cheio de paz, tal a tranquilidade que me invade.

Bruno acabara de levantar-se e como de costume depois do bom-dia, depositou um beijo em seus cabelos.

– Tome seu café, filho. Sua tia e seu primo logo estarão chegando – comentou, colocando o pão na mesa – o restante das coisas você pega na geladeira... não sei o que prefere... tem queijo, presunto...

– Pode deixar, depois eu pego. Primeiro vou tomar minha vitamina.

Lembrou-se então de que ele primeiro preparava a tal vitamina necessária, como costumava comentar, para aumentar sua resistência e ganhar mais peso. "Ah! Esses jovens sempre às voltas com a beleza do corpo."

– Tenho medo que você desenvolva demasiado estes músculos – comentou sorrindo e desaparecendo no interior da casa sem dar-se conta de que os amigos espirituais se encontravam um pouco mais além observando e velando por seus passos.

Mais tarde precisariam muito do seu concurso para a programação que estavam organizando a fim de dar continuidade aos trabalhos de auxílio aos necessitados da pequena localidade próxima dali. Eram homens e mulheres que desde o clarear do dia, colhiam o produto da pequena roça de uma plantação de feijão, feita em conjunto e que agora se esmeravam em recolhê-lo em sacos e prensá-los para depois estendê-los no terreiro e, com varas de tamanho apropriado, malhá-lo até que as cascas secas deixassem à mostra aquele que seria mais tarde, o sustento de centenas de famílias pobres e ainda muito carentes.

O local era um cenário obscuro e a terra em alguns pontos se encontrava muito árida. No entanto, nos finais de semana, quase à noite, quando as estrelas começavam apontar no céu, aquele estranho pessoal tinha por costume se achegar ao casebre de nhá Maria, cabocla que carregava dentro do peito um coração muito religioso. Possuía a imagem da mãe santíssima, da qual carregava o nome, em um pequeno altar forjado ali mesmo, em um canto da cozinha que lhe servia também de sala e quarto. Resumindo, era uma só peça, onde em sua humildade, recebia os fiéis para a oração. Oração em agradecimento pelo solo que lhes produzia o sustento.

Um dos componentes benfeitores daquele

grupo espiritual, intrigado, certo dia achegou-se daquele pessoal e compreendeu como é enorme a misericórdia do Pai Criador do Universo que não deixa Seus filhos ao abandono e, sim, oferece uma forma ou outra, de acordo com sua compreensão, os meios para batalharem pelo seu sustento, em suas terras.

O grupo voltara ao local muitas vezes a ponto de certo dia ouvir o desabafo de alguém que se julgava mais desafortunado que os outros companheiros; era um ser rebelde, muito cansado das lutas diárias e conhecedor de grande sofrimento. Naquele dia, quando todos se preparavam para a oração, gritou, contorcendo a face e espumando um líquido de cor escura:

– Não vou mais rezar para este Deus que nos nega tudo. Cansei... esta vida está muito dura... não tenho mais forças para prosseguir. Vou me deitar por aí em qualquer lugar e esperar a morte... não quero mais lutar... cansei... cansei...

Todos se entreolharam ante aquele acontecimento. "Não havia cabimento tudo aquilo" – pensaram uns. Nhá Maria adiantou-se:

– João, deixe de besteira, nossa vida é esta e não podemos reclamar. Temos é que agradecer a Deus... ainda temos as terras do Felício... podemos morar nelas e fazer a nossa roça de onde tiramos o nosso sustento. A vida é áspera, sim, mas não temos outra saída por enquanto. É cansativo este trabalho? Sim, mas temos que prosseguir.

# 3

# As terras promissoras

*Viver é sempre dizer aos outros que eles são importantes.*
*Que nós os amamos, porque um dia eles se vão e ficaremos com a impressão de que não os amamos o suficiente...*

**Chico Xavier**

Capítulo 3

# As terras promissoras

As terras do Felício eram um campo abandonado, justamente por não possuir muito local para que se plantasse alguma coisa, devido o terreno ser muito acidentado. Entretanto, aqueles moradores haviam perdido seus haveres e depois de tanto caminharem em busca de um local para se abrigarem das chuvas torrenciais que haviam acabado com suas casas e pertences, ali ficaram por algum tempo, até que tiveram a ideia de fazer no local uma pequena roça de feijão, que era o principal alimento, então, daquela gente sofrida e carente.

Como nenhum dos familiares do fazendeiro Felício aparecesse por lá e ele próprio não reclamasse a tomada de suas terras, foram ficando e estabeleceram-se definitivamente. Certamente Felício jamais reclamaria suas terras, pois encontrava-se ainda no mundo material e não tinha olhos para constatar o que se passava do lado de cá, quando deixamos a matéria e passamos a viver de acordo com nossos costumes e propensões.

Todo aquele povo não havia se dado conta da desencarnação em massa, devido à catástrofe que se desencadeara na época. Houve um período de muita seca, onde foram perdendo tudo, que já era pouco para o sustento das famílias do povoado. O gado foi emagrecendo e aparecendo aqui e acolá, morto. Talvez devido à seca, a falta de pasto ou, porque não, uma peste que assolou o povoado matando quase todos os animais e aves.

A topografia do terreno foi se modificando e as tragédias foram chegando, era uma expiação coletiva. Sabemos que todos os que perecem juntos em alguma circunstância semelhante, estão ali reunidos para o cumprimento de uma expiação ou prova.

E, então, vieram as chuvas e as enchentes, destruindo tudo que encontrasse pela frente. Homens, mulheres, crianças, todos nadando contra a correnteza que se formara, levando tudo, sem chance alguma para que alguém conseguisse se salvar. Foram muitas horas de chuvas e trovoadas, em que o povo do lugarejo, tentava se salvar e salvar seus pertences, lutando com garra. Passados aqueles momentos de angústias, terríveis, em que houve muito clamor de revolta, muita gente ferida precisando de ajuda, sem teto, sem alimentação, depois de muito se debaterem tentando auxiliarem-se, só havia um caminho. Deixar aquele lugar. Ali não havia mais nada, tudo fora destruído pelas águas e as árvores que ainda restavam, ameaçavam desabar de um momento para outro.

Foi então, que aquele povo, depois de muito caminhar, chegou às terras do Felício. Um lugar descampado, que não oferecia perigo, pelo menos por enquanto, para que se estabelecessem. E perto de um povoado seguinte, onde havia uma igrejinha, todos ajoelharam-se e agradeceram pela vida que lhes pulsava ainda, ignorando a verdadeira condição de desencarnados.

Nesse momento João foi se aquietando. Parece que recebia os conselhos de Maria com um pouco mais de compreensão... fora só um desabafo.

– Vamos orar e depois tomaremos a nossa refeição, meus amigos. Sintam como está cheirosa nossa sopa que fumega no caldeirão. Hoje dei uma boa caprichada... até folhas de couve coloquei. Vocês vão gostar – asseverou sorrindo.

– Tá bem nhá Maria, tá bem. Desculpe... vamos rezar então daquele jeito que sabemos – pediu.

# 4

## Os mensageiros

*O Cristo não pediu muita coisa, não exigiu que as pessoas escalassem o Everest ou fizessem grandes sacrifícios. Ele só pediu que nos amássemos uns aos outros.*

**Chico Xavier**

Capítulo 4

# Os mensageiros

O PEQUENO GRUPO de mensageiros desencarnados andava sempre por aquele local na busca de algo, de alguma ideia que brotasse em seus corações e que fosse de grande valia para aquelas almas. Que estranho fenômeno era aquele? Como não haviam percebido que estavam todos do mesmo lado na espiritualidade? Foi nesse instante que compreenderam a necessidade de fundar urgente ali, uma casa de apoio para esclarecimento daqueles companheiros que ignoravam seu verdadeiro estado, que haviam saído do mundo material há muito!

Aquele lugarejo comportava cerca de quinze mil habitantes, todos eles ainda impressionados com os últimos acontecimentos passados na Terra. Viviam sem se dar conta de que há muito perderam os corpos materiais. Seus espíritos, desconhecendo o processo da desencarnação, não haviam se despojado totalmente da matéria densa que os envolvia e o perispírito muito grosseiro ainda, vibrava na energia terrena. Sentiam-se vivos naquele campo imenso, aglomerado de residências, igrejas, hospitais, plantas e arvoredos.

– Como é possível estas criaturas não entenderem a realidade de seus espíritos? – inquiriu Narciso, um dos integrantes do grupo, perplexo com o que presenciava.

O grupo era composto de abnegados irmãos desencarnados há muito e afinados desde a época em que viveram no planeta. Victor, Narciso e Ruy, esses eram seus nomes, porém conhecidos como "os mensageiros". Ruy adiantou-se na explicação.

– A falta de conhecimento daquilo que diz respeito ao espírito, quando encarnado, a vivência apenas para as coisas da matéria, sem grandes preocupações com o lado espiritual, mesmo porque o meio em que nasceram em nada propiciou para uma busca maior pela cultura e daí à reflexão. Como são espíritos com pouca evolução no campo do intelecto, acomodaram-se quando ainda na matéria. O meio em que nasceram era-lhes necessário para o caminhar progressivamente. Houve acomodação por parte de seus espíritos. Não tiveram ambição e sem esta, não há evolução, sem este crescimento natural, este desejo de progredir, a criatura estagna.

Ruy desencarnara ainda jovem deixando dois filhos em tenra idade. No pouco tempo em que vivera na Terra, conhecera a doutrina espírita e a praticara com bastante amor, conhecendo os porquês do destino e da dor. Uma vez na espiritualidade, passados aqueles momentos de reconhecimento do seu verdadeiro estado, quis logo integrar-se nos serviços de auxílio ao próximo. Veterinário que fora, desenvolveu um trabalho em torno dos animais. Recebeu então a incumbência de acolhê-los na esfera do espírito, destinando a eles as tarefas próprias, ou seja, a de cuidarem dos postos de socorro, verdadeiros guardiões, na entrada, não permitindo que entidades malévolas penetrassem aquele recinto, desequilibrando as forças magnéticas do local... Sim, porque os cães têm seu papel na espiritualidade até reencarnarem novamente, pois não permanecem muito tempo naquela esfera. E, no corpo deles está o princípio inteligente, anímico, cuja evolução é lenta, mas dá o impulso ao aperfeiçoamento do seu físico.

Deus nada cria para ficar parado, sem progresso, sem evolução, sem objetivo. Em *O Livro dos Espíritos* Kardec pergunta se os animais estão sujeitos, como o homem, a uma lei de progresso e os espíritos superiores respondem que nesse mundo, os homens são adiantados e os animais também o são, dispondo de meios mais amplos de comunicação. São sempre, porém, inferiores ao homem e se lhes acham submetidos, servindo-os constantemente.

Esse era o perfil de Ruy, sempre alegre e prestativo em seus deveres para com tudo que estivesse ao seu alcance.

Quanto a Narciso, companheiro inseparável das lides doutrinárias quando encarnado, ali na espiritualidade encontrara vários amigos do passado e, sempre prestativo, desenvolvia sua mediunidade nos centros de apoio juntamente com Victor, incentivando este ou aquele companheiro ao trabalho construtivo em prol dos companheiros menos esclarecidos.

Victor, quando vivera na Terra, tivera uma vida de muitos sacrifícios, nascera no interior, em zona rural e graças ao seu esforço e estudos posteriores chegou a ser excelente professor e palestrante, levando todo conhecimento adquirido àqueles que o prestigiavam nos locais das conferências espíritas. Ao partir para a espiritualidade, conhecedor profundo da doutrina, logo se integrou nos trabalhos e estudos, levando seu conhecimento a todos os cantos possíveis da nova morada.

Podemos dizer, sem receio, que estes três

amigos desencarnaram trabalhando, tal o merecimento que possuíam, da retidão de caráter e amor ao próximo. Quando na Terra, Victor deixou livros escritos sobre a maravilhosa doutrina de Kardec, poesias e várias composições as quais utiliza nos dias de hoje, na espiritualidade, pois a vida continua idêntica à vida no planeta Terra.

# 5

# Novos rumos em sua caminhada terrena

*Esqueça o acusador; ele não conhece o seu caso desde o princípio.
Perdoe ao mau; a vida se encarregará dele.*

**Chico Xavier**

Capítulo 5

# Novos rumos em sua caminhada terrena

Era noite, o sol havia desaparecido há muito de sua janela, entretanto, Serena permanecia sentada na beira do leito onde estivera por tanto tempo a meditar, procurando entender o que lhe acontecia de uns tempos para cá. Tudo em sua vida corria normalmente, salvo algumas perturbações próprias de quem vive neste mundo terreno de sofrimentos e expiações. Um tempo bastante longo, de relativa felicidade. Entretanto, há os desígnios de Deus! Acontecera aquele desastre e tudo ruíra a sua volta. Estava bem lembrada. Foram cenas passadas nas quais procurava alertar os familiares que estavam se direcionando por caminhos escusos, mas a revolta que demonstravam por seus conselhos era terrível. Gritavam, mandavam que ela se calasse e se incomodasse com seus afazeres e parasse de bisbilhotar suas vidas. Aí, então, mencionavam sua condição de espírita e médium frequentadora do centro de estudos local, dizendo que ela nada aprendia, que reclamava de tudo.

Era muito difícil para Serena entender este procedimento dos familiares, pois seu desejo era de que, como ela, se integrassem nos trabalhos da doutrina, no centro espírita que frequentava. Então se punha a meditar onde estava seu erro. Procurara transmitir aos filhos os ensinamentos da doutrina, levando-os às aulas de evangelização, porém, o irmão que vivia em sua companhia desde que perdera os pais, era boêmio, levando uma vida desregrada, sem trabalho, sempre desocupado e criticando sua atitude em relação a sua mediunidade, falando sempre alguns palavrões impróprios que a magoavam em demasia.

Mas Serena não se encontrava só como pensava. Embora sua evolução no plano terreno fosse lenta, ela caminhava no momento certo de sua vida procurando esquecer os erros que cometia, se desculpando a todo instante e assim vagarosamente ia subindo um degrau a mais na tão sonhada evolução.

Entre a Terra em que vivia com todos os problemas enfrentados e o plano espiritual, no centro de trabalhos mediúnicos, seu desempenho era apreciado pelas entidades que ali trabalhavam, dia e noite, buscando um aperfeiçoamento amplo, auxiliando aqueles que buscavam o local, encarnados e desencarnados. Havia vários trabalhos de atendimento socorrista e orientação para os desencarnados em tratamento.

Seu erro maior era o não esquecimento de um passado em que segundo ela, poderia ter sido de felicidade plena. Mas o destino quisera assim. Encontrara Ítalo em plena juventude e se apaixonara por ele, entretanto, seu pai não permitira seu relacionamento com ele pelo fato de ser ele separado da primeira esposa. "Serena era ainda uma jovenzinha sonhadora" – comentava o pai – "e não sabia nada da vida". Tinha ele receio de que o relacionamento deles não vingasse.

– Filha, ouça o que seu pai está a lhe dizer... Você é ainda uma menina em relação à idade deste seu pretendente... e depois já separou-se de uma...

Se assim disse, assim fez. Mandou Serena para um internato fora da cidade onde moravam para que completasse os estudos. Quando voltou anos mais tarde, já formada, Ítalo havia se casado pela segunda vez e vivia em uma cidade próxima dali. Soubera, por amigos, que tinha duas filhas e uma delas, a mais nova, havia sofrido um acidente e perdido o movimento das pernas. Serena também se consorciara e tivera dois filhos que eram a alegria da sua vida. Muito cedo perdera o marido com uma doença degenerativa que levara parte de suas forças e alegria de viver. Entretanto, levada pela dor à doutrina espírita, encontrou novos rumos para sua caminhada terrena. Desenvolveu a mediunidade que estava latente em seu ser, integrou-se de corpo e alma nos trabalhos do centro espírita. Conheceu o amor pelas leituras e o saber que elas lhe proporcionaram.

Como nada acontece por acaso, quis o destino que passados vinte anos, certo dia Serena reencontrasse Ítalo em uma conferência espírita, de um palestrante famoso, vindo do Rio de Janeiro para sua cidade. Era um daqueles intervalos em que as pessoas aproveitam para comprar livros, jornais referentes à doutrina. A emoção foi muito grande... aquele aperto de mão... olhos nos olhos... o amor de outros tempos voltara forte. Mas foi só por um momento em que a emoção tomou conta de ambos. Ítalo apresentou a esposa. Houve troca de gentilezas e sorrisos e... compra de livros e jornais. Cada qual voltou aos seus lugares e a conferência continuou, agora com outro palestrante.

Passados alguns dias o telefone tocou. Bruno, o filho mais velho de Serena atendeu.

– Telefone para você mãe – dissera estendendo-lhe o aparelho – É alguém que não conheço a voz.

Sem saber o que lhe esperava, Serena atendeu. E a voz do outro lado dissera:

– Alô... alô... sabe quem está falando?

– Não reconheço a voz. Quem fala, por favor?

– Como é possível ter esquecido minha voz? – gracejou Ítalo.

– Por favor, se identifique, caso contrário vou desligar...

– Não, não faça isso. Sou eu... Ítalo.

Serena teve uma emoção violenta. Não esperava... mas conteve-se. Conversou normalmente, tentando disfarçar o que lhe ia na alma. Comentou alguns fatos de sua vida, de seus filhos, de sua luta para criá-los. Escutou de Ítalo suas queixas, o acidente da filha, o sofrimento que a família passara, a revelação de como entrara para a doutrina. Aos poucos Serena acalmou-se e seu coração aquietou-se. Pediu que ele não lhe telefonasse mais e que se um dia viessem a se encontrar seriam apenas bons amigos. O destino os havia separado. Cada qual seguiria sua vida e seus compromissos, embora muitas vezes a lembrança de Ítalo lhe voltasse à memória e a fizesse sofrer. Serena era dotada de muito amor pelos familiares. Sua preocupação eram os meninos ainda em tenra idade.

Todas as madrugadas ela saía do aconchego do seu leito e pé ante pé, dirigia-se ao quarto dos meninos. Queria certificar-se de que estavam bem, dormindo tranquilamente. A sua principal preocupação era saber se estavam bem cobertos, principalmente nas noites de inverno rigoroso. Colocava as mãos por debaixo dos cobertores macios, sentindo o calor que eles irradiavam. Aproveitava aquele momento de suprema quietude que o sono tranquilo das crianças permitia e orava então, em plena madrugada, rogando a Jesus, derramasse seu imenso amor naqueles corações ainda tenros, fazendo com que a sua proteção os amparasse por toda a vida, permitindo que em qualquer ocasião de suas vidas, nunca abrigassem a mentira, por cada ato praticado, certo ou errado, tivessem sempre a coragem de assumir a verdade. E que nunca a inveja habitasse seus corações.

# 6

# Um ato de solidariedade

*Leve na sua memória para o resto de sua vida, as coisas boas que surgiram no meio das dificuldades. Elas serão uma prova de sua capacidade em vencer as provas e lhe darão confiança na presença divina, que nos auxilia em qualquer situação, em qualquer tempo, diante de qualquer obstáculo.*

**Chico Xavier**

Capítulo 6

# Um ato de solidariedade

Finalmente chegaram as férias! Primeiro viajou Toninho. Uma semana de folguedos na chácara dos tios. Regressou feliz! Nos dias em que ficara na companhia dos primos, o tempo se fizera maravilhoso e o sol brilhara intensamente no céu. Até parecia verão... pegou até um bronzeado.

Na segunda-feira após o regresso do irmão, partiu Bruno. Ia feliz na companhia do tio! Levava na bagagem muita roupa e no coração o desejo enorme de aproveitar os dias que lhe eram destinados com bastante passeios pelas redondezas da pequena localidade, com os primos.

Mas eis que surge um céu bastante escuro assim que partiu. Chegou ao seu destino, juntamente com a chuva que começava cair assim que deixara a cidade.

– Olá, Bruno. Trouxe chuva para nós? – dissera a tia ao recebê-lo com um amoroso abraço.

Ele sorriu um tanto encabulado e entrou cumprimentando a todos. Na manhã seguinte preparou-se todo para correr pelos campos. Munido do agasalho de frio e do gorro quente na cabeça, enfrentou a garoa fininha que teimava em cair naquela manhã e saiu.

Correu até os estábulos, brincou com os cachorros, ajudou trazer muita lenha para dentro de casa, pois a tia acendera o fogão de lenha para esquentar a casa. O frio se fazia intenso. Choveu muito naquela tarde e no cair da noite as luzes se apagaram. Viera a notícia de que um vendaval, nunca visto antes, derrubara muitos telhados, deixando várias famílias desabrigadas nas redondezas. A tia entrara correndo e dera a notícia. O tio fora buscar o carro e todos precisariam correr em auxílio dos desabrigados carentes que se encontravam asilados em um posto de saúde, próximo dali. A água invadira suas casas e as pessoas estavam sem teto.

– Vamos, Bruno – convidara a tia – haverá bastante serviço para nós. Os outros primos maiores já estão a caminho!

Um tanto assustado com a notícia, mas prestativo que era sempre, ele acompanhou os tios.

Juntamente com toda esta movimentação no plano terrestre, a espiritualidade já se encarregara de socorrer aqueles que haviam perecido na catástrofe. Eram muitos agarrados àquela luz salvadora. Iam qual náufragos em porto seguro, confiantes, amontoados no enorme comboio que os conduzia a um destino por eles ignorado. Nunca, até aquele dia, haviam compreendido como é sublime a obra do Criador, até estacionarem no portal de um pequeno posto de socorro. Os que podiam andar um pouco, o faziam, alguns arrastavam-se até chegar num pequeno compartimento onde receberiam socorro imediato. A paz do ambiente embalava-os num abraço de boas-vindas. Não sabiam ainda, nem podiam imaginar, que o destino ceifara suas vidas. Para eles, estavam a caminho de um pequeno hospital, haviam se salvado, como muitos, daquela tempestade que invadira o povoado.

Quanto a Bruno, chegando naquele local de muita desgraça, prontamente ofereceu-se para o que precisassem e que com sua pequenez pudesse ajudar. Deram-lhe, então, o trabalho de tomar nota dos nomes das pessoas e do que necessitavam. Cobertores foram distribuídos em grande quantidade e ele sabia separar, com carinho e anotar o que saía. Movimentava-se ligeiro para lá e para cá.

– Que menino de ouro! – comentou uma entidade espiritual, que atenta à figura do menino, auxiliava também aqueles espíritos que ali permaneciam ainda inconscientes...

– Veja a sua aura, meu irmão – retrucou outra entidade que por ali passava trazendo nos braços alguns cobertores para cobrir os que reclamavam de frio, sem entender que haviam desencarnado – esse menino promete muito! Olhe a luz que sai do seu coração. Vejo neste pequeno uma mediunidade latente.

Eles sabiam que Bruno estava cheio de amor pela solidariedade prestada aos seus semelhantes.

Mais tarde, quando regressou das férias, contou o fato com muito orgulho para os familiares:

– Foram as melhores férias da minha vida! Meu coração está leve, entendi o outro lado do mundo que eu não conhecia. Observei o sofrimento das pessoas... estou com o coração cheio de paz – dizendo isto seus olhinhos verdes encheram-se de lágrimas.

# 7

# Finalmente
# o auxílio

*É exatamente disso que a vida é feita: de momentos! Momentos os quais temos que passar, sendo bons ou não, para o nosso próprio aprendizado, por algum motivo. Nunca esquecendo do mais importante: nada na vida é por acaso...*

**Chico Xavier**

Capítulo 7

# Finalmente o auxílio

Victor, Narciso e Ruy, reunidos naquele local onde todos trabalhavam e viviam como se fossem encarnados, tiveram um só pensamento: buscar auxílio nesta Unidade de Apoio localizada na crosta terrestre e, que tinham notícias de que de lá saíam pessoas preparadas para o convívio na espiritualidade. Combinaram que ao amanhecer do novo dia, partiriam rumo ao planeta Terra em busca de socorro para o trabalho que desejavam ardentemente pôr em prática. Conversariam primeiramente com "os mensageiros", espíritos bondosos, trabalhadores da casa, para obterem a opinião sobre o que pretendiam.

Foram recebidos por Euzébio, um senhor de aparência boníssima e que naquele momento fazia o atendimento fraterno dos companheiros recém-chegados.

Victor e seus companheiros aguardaram em uma sala ao lado daquela em que Euzébio conversava, ouvindo pacientemente os reclamos e os encaminhando para outro local, onde um número bastante grande formava uma fila para seguir corredor adentro até chegarem ao salão principal, onde se encontravam inúmeros casais e vários jovens encarnados à espera do início dos trabalhos.

Uma vez terminado o atendimento, Euzébio veio ao encontro dos recém-chegados, sorrindo e acenando para que o seguissem a fim de conversarem adequadamente em outra sala.

Ali se encontravam Elenice e Maria, duas jovens trabalhadoras da casa, sentadas naquele ambiente, cada qual com o Evangelho nas mãos à espera de que viesse ao seu encontro algum necessitado. Com efeito, minutos após terem se acomodado, adentrou no pequeno compartimento, um senhor de porte alto procurando por Maria. Trazia nas mãos uma ficha que entregara à jovem.

– Pois não, senhor – dissera ela, apontando a cadeira a sua frente – pode sentar-se para conversarmos.

O senhor um tanto cismado, olhos desconfiados, relutou um pouco.

– Sente-se, senhor – insistiu Maria – sinta-se à vontade para relatar o que lhe aflige. Tudo o que disser aqui, aqui ficará. Procuraremos orientá-lo da melhor forma possível. A casa está aberta para ouvi-lo e meu coração também.

Essas palavras colocaram o recém-chegado à vontade. Sentou-se tranquilo, olhando firme para Maria, iniciando seu relato. Elenice e Maria pertenciam ao plano terrestre e labutavam naquele local como voluntárias no atendimento fraterno àqueles que necessitavam de auxílio, como o senhor que acabara de adentrar o recinto. Razão pela qual Euzébio levara os visitantes àquela sala propositadamente, pois já percebera a intenção dos três, ali, naquele momento. Queriam auxílio para toda aquela gente lá da roça e que se acreditava ainda encarnada, lutando pela sobrevivência. Certamente de imediato não poderiam saber de sua verdadeira situação, não entenderiam, tal o estado em que se encontravam. Teriam que inicialmente passar por um tratamento, rememorando todos os acontecimentos através do magnetismo que traria seus perispíritos desligados da matéria e preparados para o retorno ao mundo espiritual.

# 8

# O perispírito

*Procure descobrir o seu caminho na vida.
Ninguém é responsável por nosso destino, a não
ser nós mesmos.*

**Chico Xavier**

Capítulo 8

# O PERISPÍRITO

TODOS OS ESPÍRITOS estão revestidos de uma substância vaporosa e também invisível – o perispírito. Ele é um invólucro semimaterial – é o elo de ligação entre o espírito e o corpo, uma espécie de intermediário. É o fluido nervoso do espírito que se encarrega de transmitir as sensações externas que o corpo recebe para o espírito e vice-versa.

 A vida intelectual não está no perispírito e sim no espírito. O perispírito toma o aspecto que desejar e de acordo com os planos materiais que venha habitar, de onde tira a substância necessária para a sua formação, ficando mais ou menos grosseiro de acordo com as características do plano em que está.

Com a morte do corpo físico, da mesma forma que o espírito, o perispírito se liberta dele de forma gradual, de acordo com a sua evolução. É o que ocorre com os seres evoluídos que não são afetados por qualquer tipo de sensações grosseiras porque estas pertencem à matéria e não ao espírito.

Aquela casa de estudos espíritas, localizada na parte terrena, tinha sua extensão no plano espiritual e com a ajuda dos trabalhadores do lado de cá e de lá, encaminhavam as almas sofredoras para a sua verdadeira pátria espiritual, isto é, os desencarnados que ainda não compreendiam o que lhes acontecia.

Quanto aos encarnados, como era o caso deste senhor que ali se encontrava trazendo suas revelações à tona, seu sofrimento atual e compreendendo que muitas vezes, ele é resquício de um passado, que estaria resgatando problemas de uma vida anterior, sentir-se-ia aliviado e, propenso a uma melhora. Frequentando os trabalhos, recebendo orientações, estudando os porquês do destino e da dor, melhorando sua conduta no tratamento com o próximo e tendo a oportunidade de perdoar e amar, estaria dando um passo a mais no caminho da renovação interior.

Euzébio escutou os amigos da colônia espiritual próxima dali, informando que tudo faria para auxiliá-los. Primeiramente teriam que pleitear junto à governadoria da colônia espiritual onde habitavam, a construção de um centro de apoio aos recém-chegados, com professores, enfermeiros, psicólogos capacitados no atendimento, visto que os moradores dali eram pessoas sem conhecimento algum da continuidade da vida após a morte do corpo físico, crendo que tudo se limitava ao céu ou ao inferno.

Difícil seria de momento, compreenderem que haviam passado para a pátria espiritual, se continuavam com todas as necessidades da matéria e tendo que trabalhar para sobreviver à catástrofe que haviam sofrido. Professores naturalmente ministrando aulas diferenciadas das costumeiras do plano terreno, onde a criança aprende as primeiras letras do alfabeto, mas sim, conhecimentos relativos ao plano em que viviam agora.

Sabemos que o princípio inteligente é distinto da matéria, mas há nesta um princípio especial que, embora não possa ser definido, constitui a matéria orgânica – é o princípio vital. Estas primeiras aulas ou considerações seriam o jardim de infância destes seres e assim, aos poucos, iriam compreendendo seu verdadeiro estado e origem. Caso contrário, continuariam "jogados" na espiritualidade, sem entendimento do que lhes aconteceu ou acontecia, por muitos anos, milhares talvez.

Aulas sobre Deus – o Criador, Sua obra, Seus atributos. É de certo modo, um trabalho preparatório como o da germinação, por efeito do qual o princípio inteligente sofre uma transformação e se torna espírito. Então começa a ter consciência do que lhe acontece e do seu futuro. Comete erros, interroga e compreende aos poucos seu verdadeiro estado. Não podemos lhes revelar de imediato sua verdadeira situação. Não entenderiam e muitos perderiam a consciência. É aí então que entra a colaboração dos médiuns terrenos. Fora do corpo físico, enquanto estes repousam em seus lares, colaboram no plano espiritual em favor destes necessitados. São médiuns dotados de força magnética que muito os auxiliam.

Victor, Narciso e Ruy, ouviam embevecidos estes relatos.

– Realmente todos estamos submetidos às mesmas leis da natureza. Nascemos fracos, sujeitos às mesmas dores, e a morte do corpo atinge ricos e pobres – comentou Victor, olhando para os companheiros que ouviam as considerações de Euzébio.

– Deus criou os espíritos iguais, cada um destes vive mais ou menos tempo e, por isso possui maior ou menor soma de aquisições – obtemperou Narciso – assim entendemos a diversidade entre eles no que diz respeito ao grau evolutivo. É o que acontece com este povo localizado naquela aldeia. Para eles tudo é natural.

– Como sabemos, será uma árdua tarefa – completou Ruy – mas Deus nos ajudará. Toda soma de conhecimentos adquiridos ficará arquivada no perispírito, tanto no campo moral como intelectual. O arquivo certamente será ilimitado, podendo, portanto, através das múltiplas reencarnações, adquirir novos conhecimentos e alcançar a evolução, embora vivendo em mundos inferiores não perdem o conhecimento adquirido.

# 9

# Atendimento fraterno

*O amor é uma força que transforma o destino.*
**Chico Xavier**

Capítulo 9

# Atendimento fraterno

A ESTA ALTURA, Euzébio fez sinal para que prestassem atenção ao que se passava ao lado, na conversa de Maria com o senhor em busca de um conforto para seus males. Muito angustiado ele relatava trechos de sua vida terrena. Havia se consorciado com uma jovem senhora que possuía duas filhas. Uma menina de quatro anos e outra jovem adolescente que não o aceitava de forma alguma como padrasto. Ele tudo fizera para viver bem, mas seu casamento estava se desmoronando. Ele não aguentava mais... amava a esposa e dela não queria se separar, mas a situação estava insuportável em seu lar.

– Então, meu amigo, é aí que deve entrar a tolerância em forma de amor por essas duas criaturinhas que foram colocadas em seu caminho. Entendemos que nada acontece por acaso. O senhor buscou o nosso acolhimento para que lhe apresentássemos uma solução. Milagres, não fazemos... tudo vai depender do senhor, da sua forma de agir, de refletir...

– Mas como? Tudo faço para aceitar, mas as meninas são teimosas, impossíveis, desobedientes. Um amigo me indicou esta casa, dizendo que vocês teriam o remédio para meus males – retrucou ele um tanto nervoso.

– Sim, meu senhor – continuou Maria, carinhosamente e atenciosa – no entanto este remédio está no próprio irmão, permita que assim o chame. Elas são duas criaturas ainda jovens, sem nenhum conhecimento das coisas que acontecem e ainda com as suas personalidades em desenvolvimento, um tanto conturbado como podemos sentir pelo seu relato e até o momento vivendo somente com a orientação da mãe, sem que ninguém, além dela, lhes diga o que é certo ou errado. Cabe então aos pais, no caso o senhor, procurar cativar a alma destas crianças colocadas no seu caminho. Converse com sua esposa e, juntos tenho certeza de que encontrarão uma solução para este problema que é tão semelhante a tantos por aí. Esta fase passa e com a ajuda dos mensageiros da casa, temos certeza de que o senhor encontrará tranquilidade no seu coração e o entendimento entre todos surgirá.

Euzébio nesta altura enviava um tratamento magnético ao irmão e aos poucos notamos que sua mente se desanuviava e ele cedia aos conselhos de Maria.

– Vou procurar ficar calmo, mas como faço para receber o tratamento para meu corpo alquebrado pelas desavenças?

Maria sorriu com bondade, explicando que ali mesmo ele começara a receber o tratamento de que necessitava através dos espíritos colaboradores da casa e indicou-lhe o salão onde as pessoas presentes, encarnadas, aguardavam a palestra que seria dali a instantes, para após, receberem o passe fluídico.

Sabíamos que ele já recebera ali naquele recinto o magnetismo enviado por Euzébio, mas lá no salão após a palestra, ele receberia a complementação do tratamento. E, por coincidência, o palestrante trouxera o tema "tolerância, como forma de caridade para com os semelhantes". E ele dizia que só a reencarnação explicava os porquês de estarmos passando por tanto sofrimento, quando sabíamos que havíamos sido corretos, não fizéramos mal ao nosso semelhante. E quando tudo parecia sorrir, vinha ao nosso encontro alguma desavença muito grande, sem entendermos os motivos de tanta maldade.

Só a doutrina espírita explicava naquele momento certas coisas que ele, nem de leve sonhara e sua mente aos poucos foi se aclarando e pensando enquanto ouvia certos assuntos. Fora duro com as meninas e não as deixara falar, impondo seu ponto de vista, como chefe daquele lar. A esposa nada dizia deixando a ele a correção de certos pendores. Não, não era assim a vida! Enquanto ouvia o palestrante, refletia que fora muito severo, querendo que tudo fosse da sua maneira.

"É verdade, fui muito severo e não tolerante. Vou tentar mudar minha forma de ver as coisas. Afinal, o mundo já não é o mesmo para mim e não posso querer mudar aquelas criaturinhas impondo meu ponto de vista."

Refletia enquanto ouvia as palavras do palestrante: "Nada acontece por acaso em nossas vidas. Tudo que parece simples a nossos olhos, já foi planejado anteriormente. A vida nos planos materiais tem o seu futuro já previamente definido antes da vinda dos espíritos para as suas novas experiências na matéria, mas sempre estão sujeitas a modificações devido às faltas humanas e comportamentos, uma vez encarnados. As famílias a serem constituídas já foram traçadas no além com todos os detalhes e obrigações, e pouco a pouco vão se integrando nos lares terrenos predeterminados para darem cumprimento às tarefas precisas para a evolução de todos. Os filhos aguardados com carinho e cuidados amorosamente pelos pais para que eles não falhem outra vez na nova existência. Este é um dos principais compromissos dos pais. Mas nem sempre acontece assim. Muitas vezes recebemos por adoção outros seres pequeninos que não fazem parte do nosso sangue, mas com quem temos igual compromisso de orientar e proteger, por questões do passado, dívidas anteriores que precisam ser saldadas. Os laços espirituais que nos unem, jamais poderão ser dissolvidos. Estes são os filhos adquiridos pelo coração e devemos amá-los e encaminhá-los com amor e tolerância até que atinjam a evolução desejada".

– Vá com calma – lhe soprou ao ouvido um "mensageiro" – você vencerá.

Captando as benesses daquele momento, baixou a cabeça em oração.

Narciso, Victor e Ruy sentiram toda força vibratória daquele momento e o quanto aquela casa de apoio auxiliava, não só os encarnados como os espíritos necessitados, desencarnados, que ali estavam também.

# 10

# O trabalho mediúnico

*O amor não prende, liberta! Ame porque isso
faz bem a você, não por esperar algo em troca.
Criar expectativas demais pode gerar decepções.
Quem ama de verdade, sem apego, sem cobranças,
conquista o carinho verdadeiro das pessoas.*

**Chico Xavier**

Capítulo 10

# O TRABALHO MEDIÚNICO

PERCORRENDO OUTROS CÔMODOS da casa de apoio, Euzébio os levou onde se realizavam trabalhos de comunicação entre os desencarnados. Estes serviam-se dos médiuns que, através da psicofonia, repassavam as mensagens para os encarnados. Mensagens de conforto e auxílio aos trabalhos, onde diversos médiuns serviam com suas vibrações de apoio ao mundo espiritual.

Aproximara-se em dado momento uma entidade que na Terra pertencera à religião católica. Naturalmente não se conformava com o que vira no mundo espiritual. Acreditava ser o dono da verdade. Ouvimos uma voz forte que ecoou pela sala:

– Cheguei aqui sem amassar minha batina e olhe que vim de longe!

O encarregado de conversar com a entidade, certamente um senhor encarnado e de boa aparência retornou:

– Seja bem-vindo, irmão!

– Irmão! Há tempos não se referiam assim a minha pessoa. Também não conheço ninguém mais... Tudo esquisito, sem igrejas para rezar e fazer missas...

– Mesmo que procure não encontrará, meu caro.

– Por quê? Não existem mais?

– Da maneira como o irmão imagina, não mais...

– Mas eu estou bem na Terra, não estou? Sempre estive.

– Esteve sim, irmão. Mas não é nada eterno aqui.

– Não entendi, repita.

– Muito simples. Nossa estada no planeta não é para sempre e sim efêmera. Quando menos esperamos, pela desencarnação, passamos a habitar outros mundos.

– Como é que é? Que conversa boba é esta? – quase gritando, perguntou espantado.

– Não é conversa boba, é a realidade...

– Longe de mim esta balela... nunca em minha vida admiti tal ideia. Com a morte tudo aqui se acaba sim, esta a minha verdade infalível. O céu para os bons e o inferno para todos aqueles desagradáveis videntes e contrários às leis de Deus. Os merecedores já saem perdoados pela extrema unção e vão para o paraíso e os ruins, direto para o sofrimento. Nós temos todo o direito de proceder assim, pois somos os enviados d'Ele para a salvação dos justos. E para castigar os faltosos.

– Pode crer, falamos a verdade...

– Se pensam que vou acreditar, estão totalmente enganados. Ouvindo vocês falarem assim, dá até a impressão de que eu morri.

– A morte não existe. Como afirmei antes, a gente só muda o local de moradia...

– Então nós estamos errados? Tudo o que aprendemos foi em vão?

– Não errados, irmão, porém mal informados. Embora a sua doutrina, como todas as outras que pregam o amor e a caridade, agem corretamente, no entanto, os que pensam como você e que conhecem apenas as coisas da matéria, deixam de dar maior valor ao espírito...

– Espírito... que espírito? Isso não existe.

– Mas é no que você se transformou agora...

– Eu? – inquiriu com espanto – de forma alguma...

– Se fosse assim, da forma como você acredita, que com a morte tudo se acaba, você não poderia estar falando comigo neste instante.

– Então você afirma que eu morri – exclamou ele.

– O espírito é imortal e a morte apenas uma consequência de se estar vivendo nos corpos grosseiros.

– Estou falando como sempre falei antes...

– Antes de quê, irmão? Antes de partir do planeta? Você já reparou que está se servindo de um corpo diferente? Que não é o seu antigo?

Após pausa de alguns minutos ele retorna:

– Mesmo que queira, não posso acreditar nisso. Não se parece nada comigo, mas na realidade estou falando por intermédio dele. Não pode ser... tremo só de pensar que perdi tanto tempo na ignorância de que os espíritos, como disse você, não morrem nunca. De um momento para outro parece haver acontecido uma revolução de ideias dentro de mim. Agora percebo a razão de tudo, da mudança, e certamente devo até ter ficado corado neste momento, só de lembrar a falta de cortesia que demonstrei assim que cheguei até vocês. Perdão pela falta, não é do meu costume...

– Não se amofine pensando nisto. Não nos atingiu em nada e entendemos perfeitamente. Só nos preocupamos em fazer com que o amigo encontre a paz. Não há porque agradecer... é nossa obrigação e tivemos muito prazer em servi-lo.

– Vejam bem – comentou "o mensageiro" – se não conseguiram completar a intenção, pelo menos deixaram uma semente, que naturalmente e em tempo útil germinará no espírito dele.

Mais tarde despediram-se nossos companheiros de Euzébio, integrando a caravana de benfeitores daquela casa, que regressavam após o trabalho realizado no plano terrestre, na Casa Espírita Recanto de Paz para a colônia espiritual, próxima à crosta terrestre.

A alegria era geral. Haviam aprendido muito naquela visita ao planeta. Nunca poderiam esquecer aqueles momentos vividos ali, naquela casa de apoio ao mundo espiritual e o que aprenderam em conhecimento e amor ao próximo.

# 11

# Finalmente o sonho concretizado

*A sua irritação não solucionará problema algum.
O seu mau humor não modifica a vida. Não estrague
o seu dia.*

**Chico Xavier**

Capítulo 11

# Finalmente o Sonho Concretizado

Algum tempo se passou desde estes acontecimentos. Nossos abnegados companheiros foram à luta. Primeiramente à procura do departamento de construções, a fim de exporem suas ideias, relatar ao encarregado do local, onde se encontravam aquelas almas presas ainda à matéria, ignorando os fatos que se passavam à sua volta.

Nestor, responsável por manter a ordem, manifestou desejo de conhecer aquele vilarejo e após escolher o local para a construção, tomou as necessárias providências.

Um pequeno pavilhão em pouco tempo foi erguido naquela aldeia, próximo a uma igrejinha onde os moradores da região faziam suas orações. Não se podia afirmar que era uma escola, mas era uma construção humilde e acolhedora onde se podia afirmar com segurança que viriam interessados em busca de auxílio para seus males. Nestor colocara o nome de "Centro de Apoio Vida Nova".

Ali aprendia-se de tudo um pouco na maneira de preparar o solo para o plantio, para que as sementes germinassem: feijão, batatinha, arroz e outras plantas fornecedoras de alimentos para as famílias. Assim como as sementes de carinho e amor para aqueles necessitados de outra espécie de apoio – o da alma sofredora – que não esquece suas dores e seus abatimentos por problemas eminentes das torturas do passado.

Entre os colaboradores deste centro de apoio, havia professores para orientação daqueles que ignoravam até aquele momento seu verdadeiro estado na espiritualidade, bem como professores de trabalhos referentes à vida que ali levavam, como aprendizado na confecção de roupas e compreensão do ser, do destino e da dor.

Havia se passado pouco tempo e a construção denominada "Centro de Apoio Vida Nova" abrigava um número bastante promissor de seres interessados em estudar os cursos que ali eram oferecidos e receber orientação do que ainda não conheciam, bem como a nova forma de ver e compreender certos fenômenos que aconteciam a sua volta e que não compreendiam. Muitas vezes sentiam-se diferentes, vivendo em um mundo desconhecido, apesar de sentirem-se vivos.

As coisas aconteciam a sua volta de uma maneira rápida, o pensamento era como que materializado. À medida que desejavam realizar algo, aquilo chegava com uma rapidez incompreendida. Viviam naquele vilarejo construído por eles, após a tempestade que levou por terra tudo que possuíam, mas sentiam no íntimo do ser, que algo se processava diferente em seus corpos. Não entendiam, mas achavam-se vivos. Nhá Maria, mulher muito religiosa, comandava de há muito o povo daquele local, incentivando-os a orar e a agradecer a Deus por tudo que recebiam da terra que haviam encontrado e fundado ali o vilarejo.

Um dia de muito sol e após a caída da noite, reuniram-se como faziam para o descanso e após a oração costumeira, em agradecimento por tudo que haviam conseguido sem que ninguém viesse reclamar até então, um dos presentes perguntou se alguém já fora até aquela construção que levava o nome de "Centro de Apoio Vida Nova". Nhá Maria respondera que passara um dia por lá e vira um pessoal terminando a construção e que curiosa, perguntara o que era aquela casa, se era uma pequena igreja, e que um senhor muito simpático explicara que ali iria funcionar uma escola com diversos cursos e que a havia convidado a entrar e conhecer o local, mas que ficara receosa.

Naquele momento, porém, em que narrava o acontecido convidou os amigos para na semana seguinte fazerem uma caminhada e informarem-se realmente sobre os cursos que seriam ministrados ali. Se eram só para as crianças ou para jovens e adultos também. Todos gostaram da ideia e assim ficou combinado que na semana seguinte estariam a caminho de lá.

# 12

## O descobrir de um novo dia

*Gostaria de dizer para você que viva como quem sabe que vai morrer um dia, e que morra como quem soube viver direito.*

**Chico Xavier**

Capítulo 12

# O DESCOBRIR DE UM NOVO DIA

FALAR DAS BELEZAS e da emoção que era ver aquelas almas aparentemente encantadas com as palestras que assistiam era maravilhoso. Para elas uma nova oportunidade e um novo entendimento. Saíam de suas casas, atravessando um bom pedaço de chão para se posicionarem naquele salão de aprendizado, onde aos poucos outros tantos seres dali vizinhos, buscavam também algo maior para suas almas. Embevecidos, perguntavam e questionavam a respeito do destino que ora enfrentavam, entendendo aos poucos os porquês do sofrimento e da dor. Entendiam devagar, através das explicações que recebiam dos professores que ali ministravam seus conhecimentos de uma forma sublime, que o corpo material há muito ficara para trás e que ora estavam vivendo uma realidade, – a vestimenta do eu verdadeiro – o espírito. E compreendendo seu posicionamento, buscavam material, o conhecimento em todas as áreas que se apresentavam.

– Santo Deus! Como pudemos viver todos esses anos no escuro, com nossa mente adormecida? – bradava um deles, ao ouvir o palestrante discorrer sobre a morte do corpo físico.

Dizia ele sobre a morte:

– Não é ela senão uma passagem para o verdadeiro mundo, que em nada nos afeta quando compreendemos o significado da vida espiritual.

"Morrer? Que palavra aterradora! Dizendo assim qualquer um sente arrepio e pavor, como se isto representasse ou quisesse significar o final de tudo, o caos, a desgraça e o nada. Com mais propriedade e razão se deveria dizer desencarnar, vocábulo bem mais suave e não agressivo, que leva à interpretação de uma simples volta ao local de onde viemos.

"Na realidade, aqui na Terra chegamos um dia, permanecemos por algum tempo cumprindo com nossa missão, saldando nossos débitos do pretérito e a qualquer momento, retornaremos à espiritualidade reencontrando-nos com aqueles que nos precederam na jornada da volta e que nos aguardam com ansiedade, desejando ver-nos livres deste planeta de tanto sofrimento. Dessa maneira mais sutil, todos aceitam com serenidade a situação morte, sem temor ou desespero. O corpo é grosseiro e material, mas o espírito é etéreo e imortal.

"Diz a lógica, que este corpo pelo desgaste natural, um dia deverá ser consumido, entregue à terra, mas o espírito, que é etéreo, permanecerá intacto por que é obra imortal do Criador.

"A maior causa do temor da morte é a falta de conhecimento e de informações precisas das coisas espirituais, por parte dos seres viventes neste plano. Quando se tem noção clara destes fatos, não se tem medo da morte. É apenas jogar fora a vestimenta carnal, pesada e libertar o espírito desta enorme carga. Só temem a morte aqueles que durante a existência, trilharam caminhos tortuosos nas torpezas da vida, não atendendo nunca os ensinamentos do mestre Jesus, que nos indicou como agir para alcançar a paz e a felicidade em mundos melhores. Todos quantos souberam viver dentro dos padrões da dignidade moral, do amor ao próximo, da caridade e que, enfim, souberam se desvencilhar da matéria, vivenciando os ensinamentos do Nazareno, poderão ficar tranquilos, que o grande prêmio pela tarefa bem executada estará certamente à sua espera.

"Nunca é tarde para recomeçar, mas quanto antes se procurar a reforma íntima, melhor haverá de ser para nosso espírito.

"Não se deve esperar que o tempo passe, por que o prejuízo pelos minutos perdidos só poderá ser imprevidente. Deixar que a existência se perca em devaneios é adquirir pesadas promissórias, acrescidas do ônus da insensatez e da correção perfeccionista espiritual obrigatória, resgatadas somente em penosas prestações, de acordo com a lei reencarnatória."

# 13

## O despertar

*Tudo tem seu apogeu e seu declínio... É natural que seja assim, todavia, quando tudo parece convergir para o que supomos o nada, eis que a vida ressurge, triunfante e bela!... Novas folhas, novas flores, na infinita bênção do recomeço!*

**Chico Xavier**

Capítulo 13

# O DESPERTAR

AOS POUCOS AQUELA gente foi despertando do torpor em que se encontrava e buscando novos caminhos para trilhar. Dona Maria – mulher muito religiosa buscou nas esferas mais além, o amparo para suas crenças e auxiliando o próximo como sempre fazia quando encarnada, encontrou-se definitivamente. Procurou trabalho na área da alimentação para os recém-chegados da Terra e que estavam ainda hospitalizados. Sim, porque na realidade, muitos que ali aportavam, cuja desencarnação ainda não era entendida, julgavam-se vivos. Sua tarefa era a de conversar amorosamente com eles e encaminhá-los para os locais de recuperação até que despertasse neles, o entendimento de seu verdadeiro estado.

Victor, Narciso e Ruy eram os responsáveis pela diretoria da casa de apoio, sempre combinando suas ideias para a melhoria da organização. Além do preparo das palestras, Victor se prontificou em ensinar algumas melodias àqueles que tinham aptidão para o canto e com ajuda de alguns irmãos voluntários formou um pequeno coral que encantava a todos que ali chegavam. Sempre antes das palestras, o pequeno coral se apresentava. Com isso, o grupo de cantores tornou-se conhecido e constantemente eram requisitados quando tinha alguma festividade em outras casas de apoio. Tudo idêntico a nossa abençoada Terra.

A vida naquela esfera corria normal e cheia de encantos. O pequeno povoado havia se transformado pelo poder que emanava das mentes dos moradores espiritualizados. Todos compreendiam com o passar do tempo que estavam vivendo a verdadeira vida do espírito e que aprendiam e vivenciavam tudo que podiam, num preparo para mais tarde, voltarem para a Terra, verdadeira escola de bênçãos, para resgatarem com certeza o que ficara para trás.

As crianças que por lá passavam, frequentavam as escolas, aprendendo as primeiras letras do alfabeto, apreciando a maneira correta de falar, de comportar-se, de irradiar pensamentos positivos, criando a sua volta energias positivas, valorizando cada pedaço de chão, cada planta que nascia, cada ave que por lá voava.

O mundo era igual a nossa Terra, porém de sublime luz e beleza inconfundíveis. Isto tudo para aqueles que queriam observar os preceitos maravilhosos do bem. No entanto, para os espíritos que se compraziam no mal, nada era belo. Enxergavam o céu de um azul escuro, carregado de nuvens cinzentas e o ar gélido sem o encanto dos dias primaveris. O espírito vive onde se situa seu pensamento e suas ações. Jamais poderá sentir as belezas de um mundo de luz se vive e pensa nos caminhos tenebrosos, no chão onde chafurdam os pensamentos escabrosos. Portanto, é necessário que tenhamos a mente limpa, os pensamentos puros para chegarmos um dia à tão sonhada perfeição. Quem nos socorrerá senão nós mesmos? Somos fruto de nosso pensamento e deste para a concretização de nossas próprias criações mentais é um passo. Nossa alma é um espírito que pensa. Se nossos pensamentos forem sempre dirigidos para o bem, certo teremos ao nosso lado entidades desencarnadas afins com nossos propósitos, guiando-nos através do caminho, o que não acontecerá se nos desviarmos para a senda do mal, atraindo para o nosso convívio espíritos que compartilham com igual modo de vida. O semelhante atrai o semelhante. É a lei. Os simpáticos atraem-se e fundem-se numa simbiose, seja para o bem, seja para o mal.

Tanto na vida espiritual quanto na vida terrena temos obrigações e deveres. A cada ação corresponde uma reação, boa ou má, segundo nossa conceituação. Tomemos um exemplo tão simples e tão cotidiano. Por que não sermos autênticos? Por que não sermos o que somos em todos os momentos de nossa existência? Adaptamos ao rosto inúmeras máscaras de acordo com as situações que se vão nos apresentando ao longo do caminho.

Quantas vezes nossa garganta se irrita, diariamente com coisas tão insignificantes, que chegamos a esquecer as regras da cordialidade para com nossos semelhantes, que nada têm a ver com o mau humor que apresentamos? Colocamos um largo sorriso na face, lá fora, com nossos amigos, e dentro do lar tiranizamos, escravizamos.

Ah! Se todos pudessem compreender o valor deste despertar íntimo para com as coisas espirituais, certo não haveria tantos desencontros da criatura consigo mesmo. Daí, o dizermos no início, que nós mesmos nos socorremos, de conformidade com nossos atos. Certo haverá intercessores do plano maior. Amigos, parentes que desejam nosso bem, nosso progresso espiritual, mas é preciso antes de tudo, sermos merecedores dessas intercessões.

Se nossos pensamentos estiverem chumbados às coisas materiais, não conseguiremos ver além de um ponto limitado, desse mundo interior tão particular, por vezes tão imperfeito e sem amplitude. Olhemos nossos semelhantes com amor, ignorando o mal que ainda existe neles, para que outros nos olhem com amor também. Assim, através dessa prática nos elevamos também. Só assim estaremos saindo desse mundo tão egoísta, pois o egoísmo é a fonte de todos os vícios, como a caridade é a fonte de todas as virtudes. Destruir um e desenvolver o outro, deve ser o alvo de todos os esforços do homem, se ele desejar assegurar a sua felicidade tanto no presente quanto no futuro – disse Kardec.

# 14

## Um encontro feliz!

*Deus nos concede, a cada dia, uma página de vida nova no livro do tempo. Aquilo que colocarmos nela, corre por nossa conta.*

**Chico Xavier**

Capítulo 14

# Um encontro feliz!

Passaram-se alguns dias e os três amigos caminhavam serenamente pelos campos cercados de montanhas muito azuis, de um céu de luz irradiando o calor aconchegante do sol lá no alto, com seus raios de ouro espalhando fulgor por todo o ambiente. A brisa aquecia morna e serena a figura de um homem sentado à beira do caminho por onde nossos voluntários teriam que passar.

Num repente Victor exclamou para os companheiros, chamando-lhes a atenção:

– Que surpresa! Conheço aquele homem ali descansando... é meu cunhado... há tanto tempo longe do nosso convívio.

Percebendo as vibrações de alegria e felicidade de Victor, o homem pôs-se em pé, mirando os três amigos com um largo sorriso, reconhecendo-os.

Foram só abraços de ternura e lágrimas de felicidade aquele encontro. Nelson – esse era seu nome – partira da Terra há quase cinquenta longos anos! Sua preocupação quando encarnado sempre fora ajudar o próximo, fosse ele quem fosse. E ali na espiritualidade, logo que deu conta da sua desencarnação, integrou-se no grupo de voluntários para o atendimento aos sofredores que ainda perambulavam pelos caminhos terrenos, afundados no charco da ignorância, perturbando as mentes menos esclarecidas, induzindo-as ao mal.

Esse grupo, conforme contou aos companheiros, atuava próximo à crosta terrestre, tentando desfazer as energias negativas dos governantes terrenos, políticos sem o empenho de ajudar o povo sofredor, desfazendo toda maldade humana de políticos menos avisados, em prol de uma sociedade menos poluída por interesses outros que não o bem do povo brasileiro ora encarnado. Parecia que o mal estava por vencer, mas as forças do alto, não tardariam a pôr um fim em toda esta negatividade da Terra. É preciso que haja o mal para que o bem prevaleça, para que a humanidade se volte para seus companheiros de dor e, juntos permaneçam com as forças do bem, para um entendimento maior.

– Eram muitos os que faziam este trabalho – asseverou Nelson – limpando os miasmas da Terra, com o magnetismo de seus espíritos, plantando o bem através da energia positiva. Para isto foram treinados, como valentes soldados, levando o amor, a música sublime de seus espíritos convocados para uma verdadeira guerra de pensamentos puros, energias positivas nos quatro cantos do mundo.

"Muito aprendi com este trabalho. Agora posso amparar aqueles que sempre desejei e ao lado dos meus companheiros de trabalho, instruir as nações para que promovam a paz no mundo terreno e, sanem com isso, as perturbações que atingem também o mundo espiritual. Tarefa maravilhosa esta, a de proteger a nação contra os ataques maléficos de entidades de verdadeiras organizações antissociais. Vamos ser designados para serviços distantes daqui porque a luta continua em prol dos pequenos do mundo atual. Como eu gostaria de falar, de gritar as belezas e as oportunidades desta vida. Os meus anseios continuam e tenho permissão para trabalhar como sempre quis, sem recriminação, sem esconder-me, livre, livre para atuar em favor daqueles por quem sempre lutei, por um país melhor.

"Pouco tempo após minha desencarnação, de súbito minha memória voltou com plenitude e satisfação. Achei-me dotado de toda minha capacidade intelectual, ciente da minha missão, que em parte tentei desempenhar. A Terra me foi uma escola e tudo que passei lá, me burilou. Elevou minha alma até onde minha compreensão pudesse encontrar a paz. Oh! Meu cunhado, agora te agradeço por aquelas horas boas em que passamos juntos na Terra, em que cumpri com vocês, não um aprendizado como uma escola, mas um ciclo de burilamento e um tratamento para retomar minha memória integral."

– Nada como o sofrimento para modificar o ser humano e torná-lo amoroso, desejoso de ajudar o próximo – complementou Narciso. – Daí a velha frase, só quem passa pelo sofrimento, por uma grande dor, entende a desgraça alheia. É um passo para o entendimento, para o acolhimento generoso do bem. É um processo moroso, mas... dá resultados. Nunca devemos desistir.

# 15

# Lições no plano espiritual

*A vida é construída nos sonhos e concretizada no amor.*

**Chico Xavier**

Capítulo 15

# Lições no plano espiritual

Serena observava tudo com real interesse. Acompanhada de outros irmãos que durante o descanso do corpo material, em repouso no leito terreno, também partiam animados para o plano espiritual, conjuntamente com os voluntários do além, para melhoria da tarefa que realizariam com "os mensageiros" durante a semana na casa espírita, no atendimento aos desencarnados que necessitavam de auxílio magnético, na doação de energias para que o trabalho se realizasse a contento.

Havia também os médiuns de apoio energético que, através da concentração, doavam fluidos para a boa realização dos trabalhos e também aqueles que desligados do corpo material iam em busca dos que muitas vezes se encontravam num emaranhado de trevas ou esquecidos de suas verdadeiras identidades, nas ruas, nas vielas mais imundas da crosta terrestre. Eram então trazidos, amparados por aquelas almas abnegadas, para um primeiro contato com os espíritos protetores, aptos para estas tarefas e que os conduziam em macas, para os postos de primeiros socorros onde recebiam algum esclarecimento, de acordo com seus entendimentos.

Cristina, a orientadora dos trabalhos, conversava amorosamente com alguns deles, indicando-lhes o caminho, pois muitos clamavam por um copo de água pura, pois por onde andavam, não tinham nada que lhes mitigasse a sede. Sede de água mesmo.

Imundos, clamavam por uma roupa para agasalharem o corpo nu. Vagando sem destino por muitos e muitos meses e anos talvez, maltrapilhos, pediam socorro, alimento, roupas, tal o estado de sofrimento em que se encontravam, entendendo que ainda viviam, porém não sabiam como ali se encontravam, sem os familiares e sem o lar que lhes abrigava e que haviam perdido. Este sofrimento é verdadeiro horror para aqueles que não entendem a passagem para o outro lado da vida. Muitos daqueles enfermos recolhidos ali eram anestesiados e encaminhados para os postos de apoio até que a consciência lhes tornasse aptos para entender o que lhes acontecia.

Aquele dia destinado a palestras contava com a participação dos voluntários encarnados. O salão estava repleto e o tema daquela jornada muito sugestivo: "um apelo".

Assim iniciou o palestrante, um jovem rapaz que se distinguia dos demais por um cordão prateado contornando seu corpo espiritual, o que indicava que ele não pertencia à espiritualidade. Ademar era seu nome e sua preleção iniciou-se assim:

"Em uma das moradas do nosso Pai existem criaturas preocupadas com a situação do planeta Terra. Atingindo as plagas celestes, essas criaturas, por demais evangelizadas, desejam também, para os terráqueos, a paz que desfrutam nesse país distante, muitas milhas. Acionam a bandeira branca da felicidade em direção dos seus irmãos, na esperança de que eles os compreendam. Imploram ao altíssimo a concretização dos seus ideais no sentido de minorar os sofrimentos dos terráqueos, que evoluem assombrosamente no campo da cultura intelectual, criando novos inventos e novas máquinas com que pretendem conquistar as maravilhas do espaço, pontilhados de infinitos mundos habitados por seres quiçá mais inteligentes que eles.

"Mais que a cultura intelectual, precisa o mundo terreno da cultura moral, da evangelização das almas que labutam diariamente no plano terrestre, quer no setor dos grandes inventos, quer nas mais humildes tarefas diárias. Para um mundo realmente feliz, onde não haja tantas intrigas e tantas desavenças, da parte daqueles que o dirigem, será necessário que cada ser vivente cultive, dentro de si, os ensinamentos do Cristo, de amar seus semelhantes e conduzi-los pelas veredas do caminho, quais filhos bem amados. Entretanto, a Terra ainda se acha povoada de seres sequiosos de vaidade pessoal, de falsa amizade, de orgulhosos políticos que não fazem outra coisa a não ser sugar os menos afortunados, esquecidos do mandamento 'amai-vos uns aos outros'.

"Mas se por um lado a Terra está povoada de intrigantes e maldosos, por outro, Deus, que não esquece Seus filhos, tem enviado periodicamente o remédio para o mal, na forma das instruções dos espíritos que se encontram do lado de cá, mas sabem acerca dos perigos porque passam esta humanidade tão desvirtuada dos princípios da moralidade.

"É um apelo aos que dirigem as nações, para os que conduzem as escolas, para os que labutam nos campos, para os que trabalham em todos os setores, dos mais abastados aos mais humildes e, principalmente aos pais, que são os principais orientadores dos filhos nos primeiros anos de vida. Um lar evangelizado, onde cada cônjuge procure a harmonia da família, primada pelos exemplos sadios da moral cristã, estará cooperando para a futura formação do caráter dos filhos e dos futuros homens da nação. Uma nação evangelizada, dirigida por homens que trazem do berço a marca da lealdade para com os semelhantes. Uma nação feliz! Um dia tudo isto se realizará. Virão dias de plena ventura, pois tudo passa, como passam as trovoadas, para ressurgir o amanhã radioso, dourado de raios de sol. E aqueles irmãos destinados a ajudar os terráqueos, nesse dia cantarão glórias ao Senhor, por mais esta etapa vencida, após milhares de anos de amarguras e sofrimentos.

"Ouçam filhos, o apelo daqueles que vivem para lutar pelo desenvolvimento da moral cristã do globo terrestre. Eles procuram vos ajudar; saibam reconhecê-los, pois estão em toda parte, sob as mais diversas formas de amor e sacrifício. Que Deus, em sua infinita justiça e misericórdia, vos ampare e perdoe este seu humilde servo."

Assim o voluntário Ademar terminou seu apelo ante aqueles seres vindos de todos os lugares, encarnados e desencarnados. Uma prece foi proferida elevando ainda mais o ambiente. Todos despediram-se rumando para seus lares, com a promessa de na noite seguinte estarem a postos para mais um trabalho junto à comunidade espiritual.

A turma que viera da Terra em companhia dos "mensageiros" sentia-se animada por participar daqueles pequenos encontros, resultando sempre em um bem-estar prolongado, ao amanhecerem em seus leitos. Sabiam muitas vezes que tinham sonhado, mas não se recordavam, entretanto em seus corações permanecia a energia trazida do espaço. Lembravam-se vagamente de que estiveram durante o sono, em algum lugar, com muitas pessoas, que encontraram parentes que já haviam desencarnado, mas precisamente não sabiam decifrar o sonho.

# 16

## Terá fim o mundo?

*Saudade é uma dor que fere nos dois mundos.*
**Chico Xavier**

Capítulo 16

# TERÁ FIM O MUNDO?

SERENA NAQUELA MANHÃ levantara animada, pois logo mais à noite, iria proferir uma palestra no centro espírita que frequentava. Procurava alguns apontamentos na mesa do escritório, quando Bruno chegou de mansinho, observando-a:

– É hoje que você vai falar no centro espírita? Convidei Acyr, aquele meu amigo interessado na doutrina. Será bom para ele. Você sabe que ele pensa que o mundo vai se acabar um dia?

– Sério? – Serena parou de procurar os apontamentos. – Você disse a ele que o tema de hoje é esse?

– Sim, falei. Esse é o motivo pelo qual ele se interessou.

– Espero que ele entenda, minha palavra é simples. Não sei ser convincente. Em todo caso...

– Vai entender, sim. Ah! Esqueci-me de dizer, o Alfredo e o João também vão conosco – e sorrindo concluiu – vai ser um barato!

– Nossa, meu amor! Assim ficarei nervosa e não sairá nada. Com tantas pessoas jovens me observando – e gargalhou alegre, ecoando pelos aposentos.

Toninho correu ver o que era aquela alegria toda logo cedinho...

– Ah! Esqueci-me de dizer... Toninho irá também. Vai ser muito bom.

– Vou onde? – perguntou o menino, que acabara de entrar, sem entender o que acontecia.

– Na palestra da mãe – respondeu Bruno, batendo de leve em suas costas.

O dia passou tranquilo. Os meninos saíram para o colégio e Serena aproveitou para reler um pouco mais sobre o que iria falar logo mais à noite.

O centro espírita ficava em uma rua movimentada da cidade e por esse motivo as pessoas procuravam chegar cedo a fim de conseguirem um lugar para estacionar seus carros e ouvir uma boa música vinda das teclas de um piano colocado a um canto do salão e que era manuseado por um irmão com dotes musicais, sempre antes das palestras e que servia para a preparação do ambiente.

Sempre nessas noites o salão ficava lotado. As luzes acesas, os ventiladores ligados, os aparelhos de som devidamente em ordem, o computador colocado no centro da mesa para que o palestrante, se necessário, usasse. Feita a prece inicial pelo dirigente e a apresentação de Serena, depois de informar que tudo seria gravado, iniciou então nossa personagem a sua conferência.

– Boa noite a todos – dissera ela, com aquela voz melodiosa que a todos encantava.

Sua presença era sempre esperada e comentada. De uma simpatia acolhedora, atendia a todos que dela se acercavam. Abraçava cada um com um sorriso encantador, cativando a todos com seu carinho. Possuía mediunidade intuitiva e muitos brincavam, chamando-a de adivinha, pois acertava nos conselhos que por vezes deixava escapar sem que a pessoa houvesse dito nada.

– O nosso tema será "O fim do mundo" – dissera, segurando o microfone entre os dedos. – Terá o mundo fim? Eis aí uma pergunta que merece ser respondida, com todo o carinho, pois que, de acordo com a crença generalizada entre nós, um dia o mundo deverá acabar. Segundo a doutrina espírita, Jesus predisse o fim do mal reinante na Terra, e não o fim do mundo e, consequentemente da humanidade, por qualquer meio catastrófico. Assim, quando todos os humanos se confraternizarem através dos conhecimentos e dos praticados ensinos crísticos, virá o fim, isto é, o fim do sofrimento humano, de vez que o homem sofre as consequências de seus próprios erros, gerados pela força do mal. Ora, se todos, independentemente de cor, religião ou posição social se irmanarem e viverem dentro das leis que regem o amor entre as criaturas, certamente virá o fim de suas dores.

"Ao se iniciar o Terceiro Milênio, espíritos lúcidos estão pregando por toda parte, que se aproxima uma nova fase da vida para a humanidade. Esta profecia, agora trazida pelo espírito de Verdade, está se cumprindo sob nossas vistas. Infelizmente, muitos de nós ainda não puderam compreender o verdadeiro significado. Só mesmo com o auxílio da Terceira Revelação é que podemos interpretar esta afirmativa dos mentores: 'e então virá o fim'.

"Como bem disse o grande químico Lavoisier que 'nada se cria e nada se perde na natureza, tudo se transforma', também nós afirmamos, não que nada se cria, pois Deus trabalha ininterruptamente criando sempre, mas, que nada se perde; tudo se transforma. Aproxima-se agora, a época em que o homem encontra mais facilidade para se transformar, porquanto encontra ele a ajuda do plano espiritual, que muito o favorece nesse sentido. É preciso, entretanto, que todos nós, voltados para um só ideal de fraternidade, trabalhemos incansavelmente, no sentido de propagar, por todos os meios ao nosso alcance, os sublimes ensinos de Jesus. Só assim estaremos ajudando na grande obra de redenção da humanidade.

"Os tempos são chegados e o fim se aproxima, não o fim do mundo, mas o fim do mal sobre a Terra. Muito em breve, passará da categoria de 'mundo de expiação de culpas', para 'mundo de regeneração', e então virá o fim."

Um coro de anjos ecoou no recinto ao término da palestra e inúmeros miosótis caíram do alto sobre as cabeças dos assistentes. Era o plano espiritual se manifestando. O ambiente tornou-se musical. Espíritos presentes se congratularam, abraçando efusivamente Serena que naquele momento nada via, mas sentia as emanações sobre seu corpo material e, orou, agradecendo por cada pessoa que ali comparecera.

– Jesus, amado mestre, ensina-nos por compaixão a vivenciar seus ensinos de amor, de perdão, de caridade.

Enquanto lá fora juntamente com os frequentadores encarnados, entidades costumeiras daquele abençoado local, tomavam seus lugares no enorme comboio estacionado ali próximo, rumando para a verdadeira pátria do espírito, com os corações agradecidos por mais uma noite de paz e luz!

**FIM**

# VOCÊ PRECISA CONHECER

### O evangelho de Maria Madalena
José Lázaro Boberg
Estudo • 14x21 cm • 256 pp.

Neste livro, José Lázaro Boberg busca reconstruir a verdade sobre Maria Madalena, uma das personagens femininas mais fortes da literatura antiga e que está presente nas reflexões espíritas. O que dizem os outros evangelhos? Ela foi esposa de Jesus? Foi prostituta? Foi a verdadeira fundadora do cristianismo?

### Getúlio Vargas em dois mundos
Wanda A. Canutti / Eça de Queirós (espírito)
Romance mediúnico • 16x22,5 • 344 pp.

Getúlio Vargas realmente suicidou-se? Como foi sua recepção no mundo espiritual? Qual o conteúdo da nova carta à nação, escrita após sua desencarnação? Saiba as respostas para estas e outras perguntas, agora em uma nova edição, com nova capa, novo formato e novo projeto gráfico.

### A vingança do judeu
Vera Kryzhanovskaia / J. W. Rochester (espírito)
Romance mediúnico • 16x22,5 • 424 pp.

O clássico romance de Rochester agora pela EME, com nova tradução, retrata em cativante história de amor e ódio, os terríveis fatos causados pelos preconceitos de raça, classe social e fortuna e mostra ao leitor a influência benéfica exercida pelo espiritismo sobre a sociedade.

---

Não encontrando os livros da **EME** na livraria de sua preferência,
solicite o endereço de nosso distribuidor mais próximo de você através de
Fones: (19) 3491-7000 / 3491-5449
(claro) 9 9317-2800 (vivo) 9 9983-2575
E-mail: vendas@editoraeme.com.br – Site: www.editoraeme.com.br